El virus de la COVID-19

Grace Hansen

En colaboración con el Dr. Anthony Ritchie

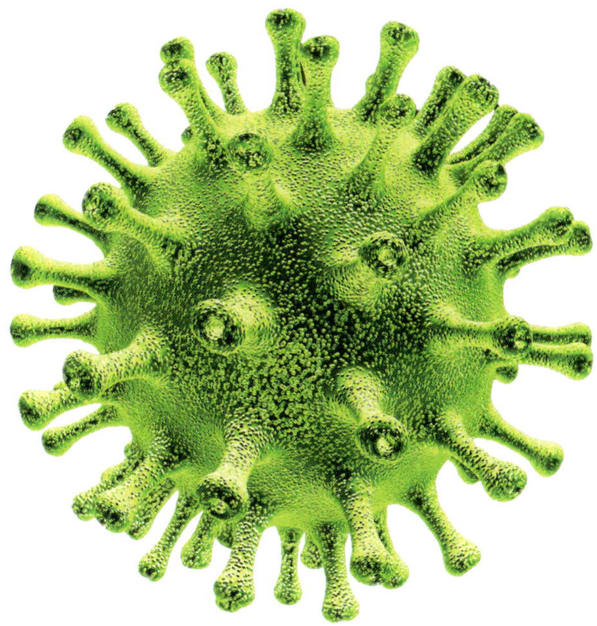

EL CORONAVIRUS

Abdo Kids Jumbo es una subdivisión de Abdo Kids
abdobooks.com

abdobooks.com

Published by Abdo Kids, a division of ABDO, P.O. Box 398166, Minneapolis, Minnesota 55439.

Printed in the United States of America, North Mankato, Minnesota.

102020

012021

THIS BOOK CONTAINS RECYCLED MATERIALS

Spanish Translator: Maria Puchol

Photo Credits: iStock, Science Source, Shutterstock

Production Contributors: Teddy Borth, Jennie Forsberg, Grace Hansen
Design Contributors: Dorothy Toth, Pakou Moua

Library of Congress Control Number: 2020948013

Publisher's Cataloging-in-Publication Data

Names: Hansen, Grace, author.

Title: El virus de la COVID-19/ by Grace Hansen

Other title: The COVID-19 virus. Spanish

Description: Minneapolis, Minnesota: Abdo Kids, 2021. | Series: El Coronavirus | Includes online resources and index

Identifiers: ISBN 9781098208677 (lib.bdg.) | ISBN 9781098208813 (ebook)

Subjects: LCSH: Coronavirus infections--Juvenile literature. | SARS (Disease)--Juvenile literature. | Virus diseases--Juvenile literature. | Communicable diseases--Juvenile literature. | Communicable diseases--Prevention--Juvenile literature. | Epidemics--Juvenile literature. | Spanish language materials--Juvenile literature.

Classification: DDC 616.2--dc23

Contenido

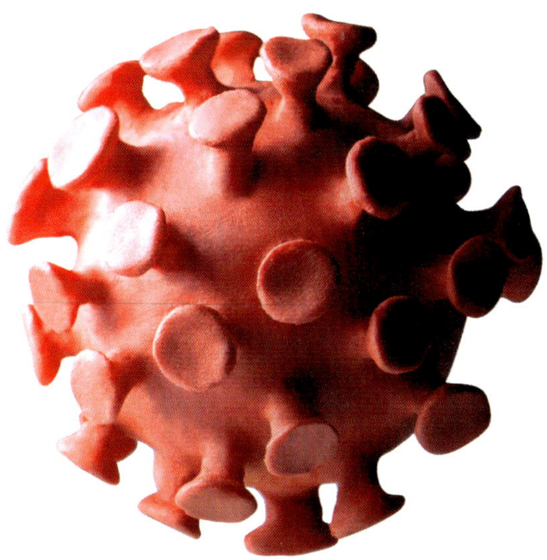

¿Qué es un virus?

Un virus es un diminuto organismo que necesita de un **hospedador** para sobrevivir. Los virus pueden entrar de muchas maneras en el cuerpo.

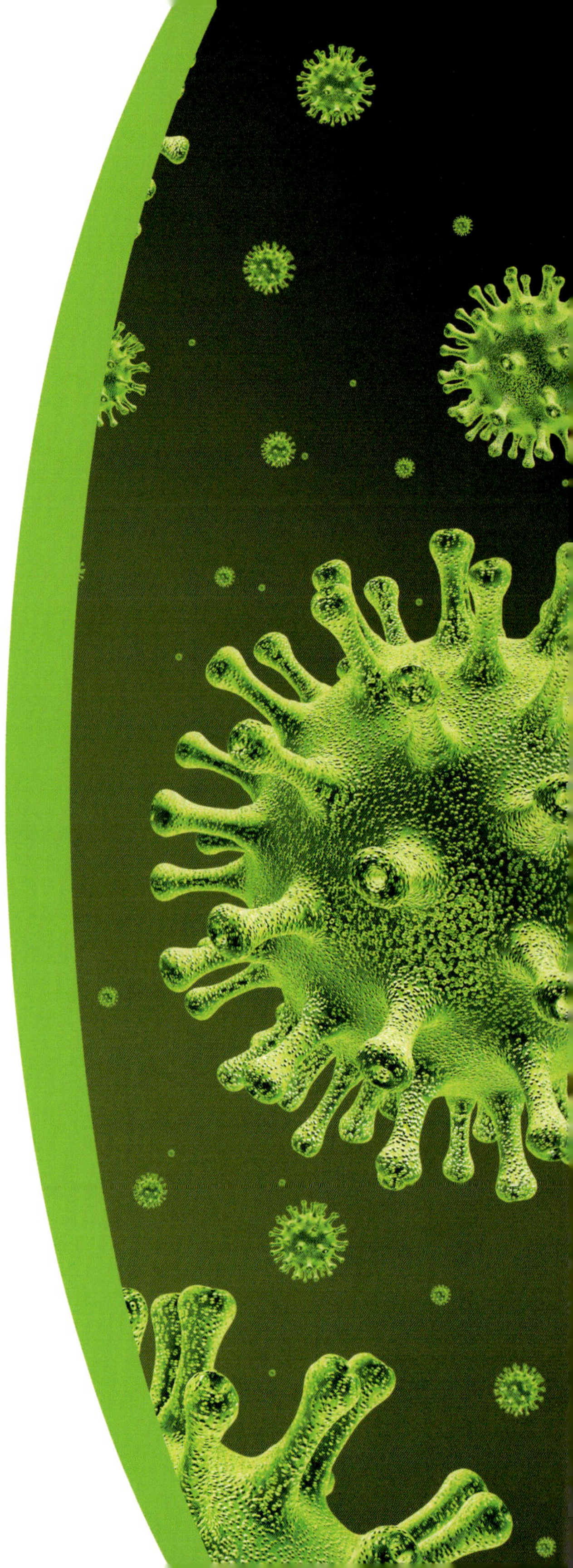

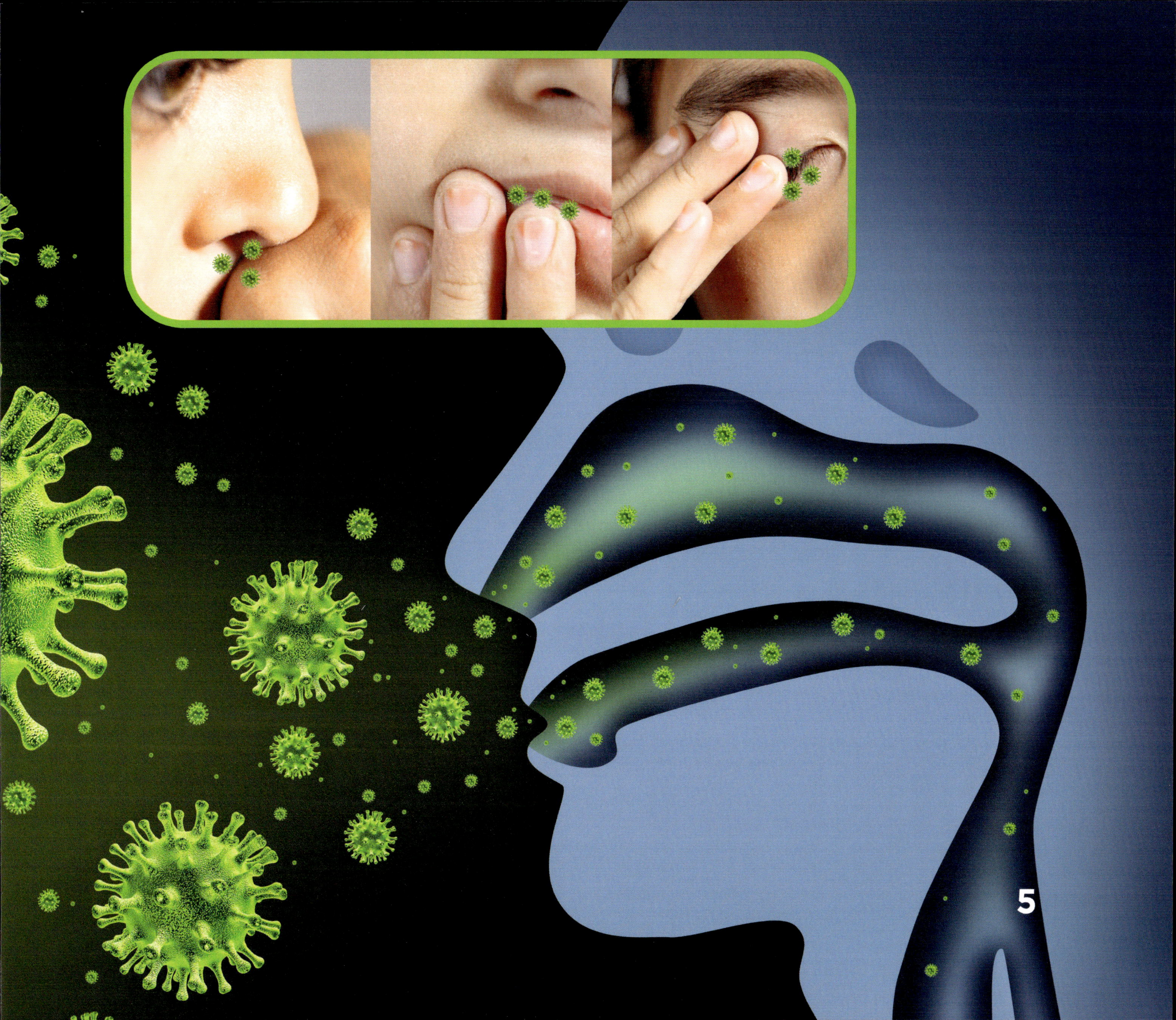

Una vez dentro, los virus se adhieren a una **célula** huésped sana. Utiliza esta célula para crear más virus. Así el virus se multiplica y extiende a más células provocando que el **hospedador** se enferme.

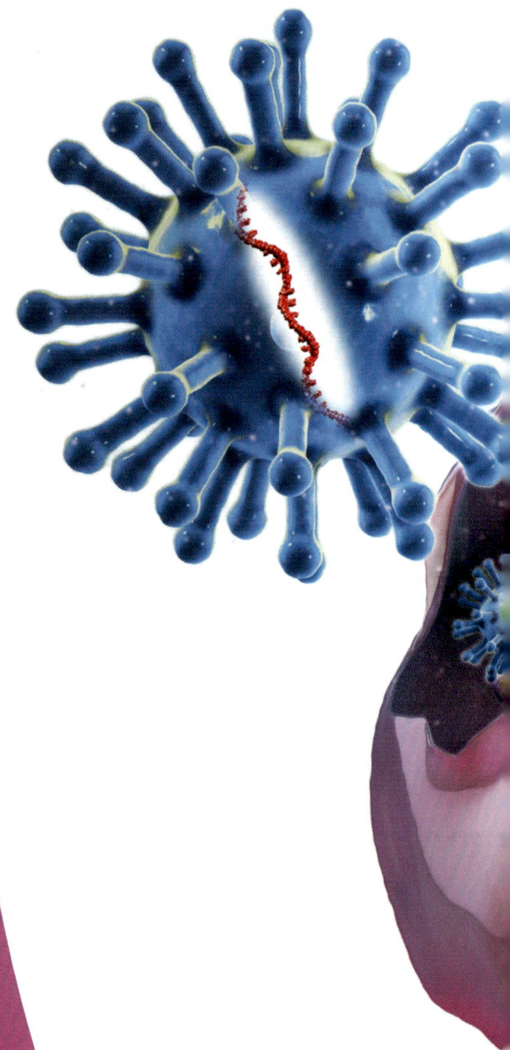

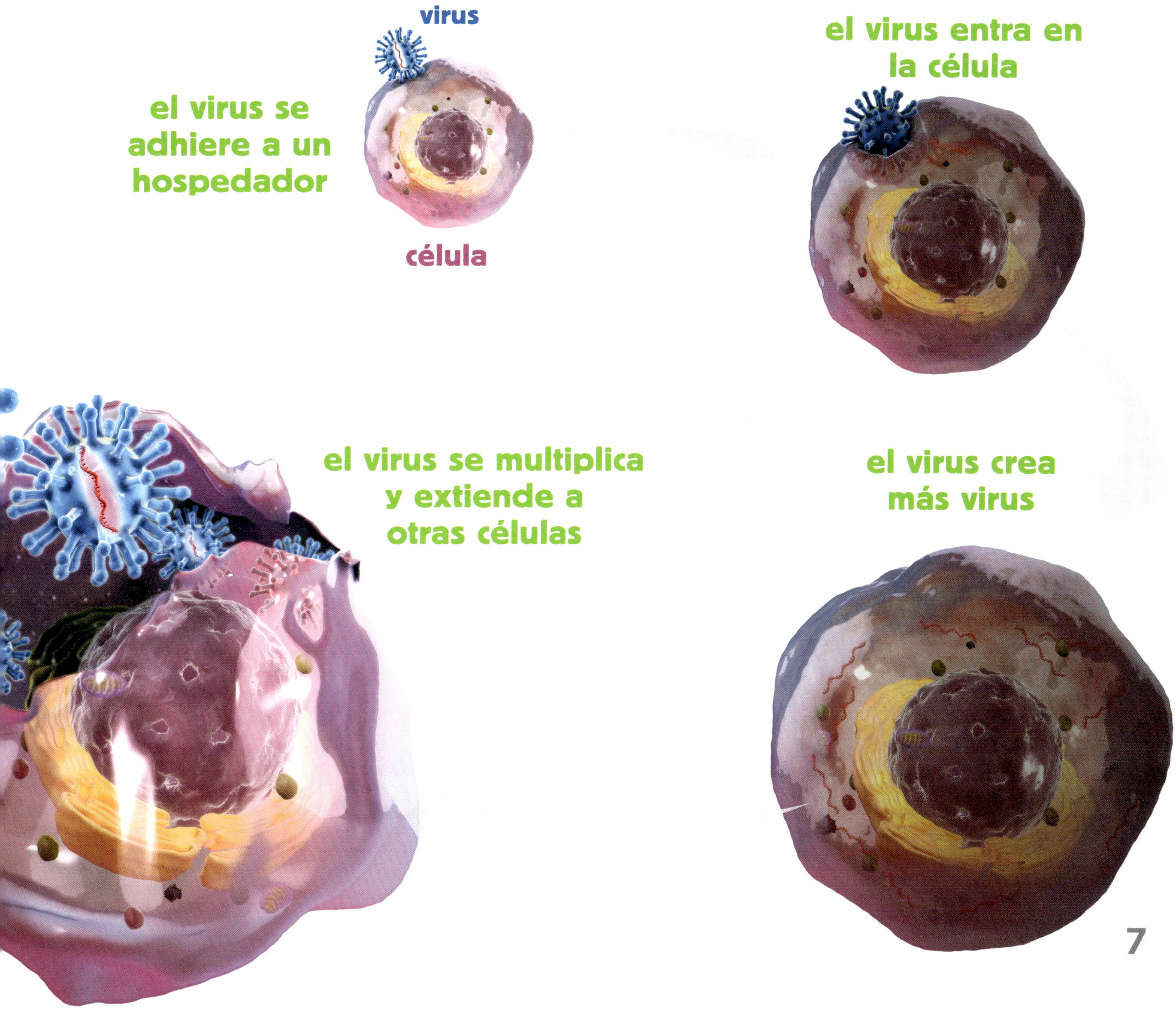
virus
el virus se adhiere a un hospedador
célula
el virus entra en la célula
el virus crea más virus
el virus se multiplica y extiende a otras células

¿Qué es el coronavirus?

El **coronavirus** es un tipo de virus. Hay muchos tipos diferentes. La mayoría de los coronavirus causan resfriados, pero otros causan serias enfermedades en las **vías respiratorias inferiores**.

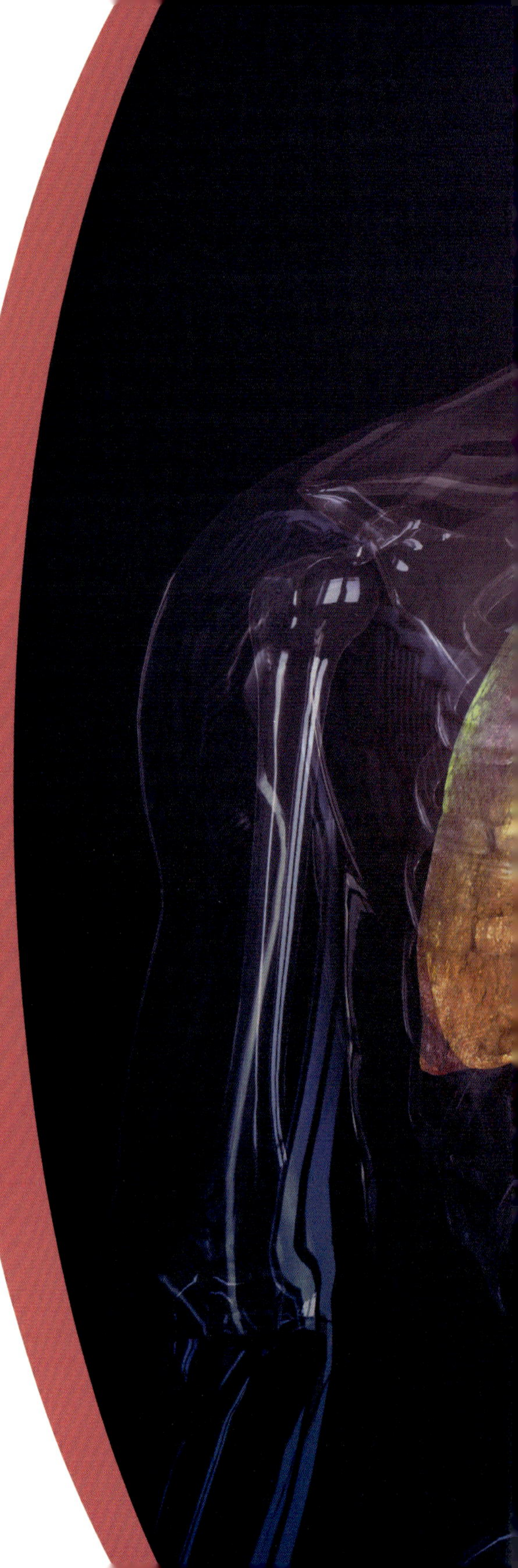

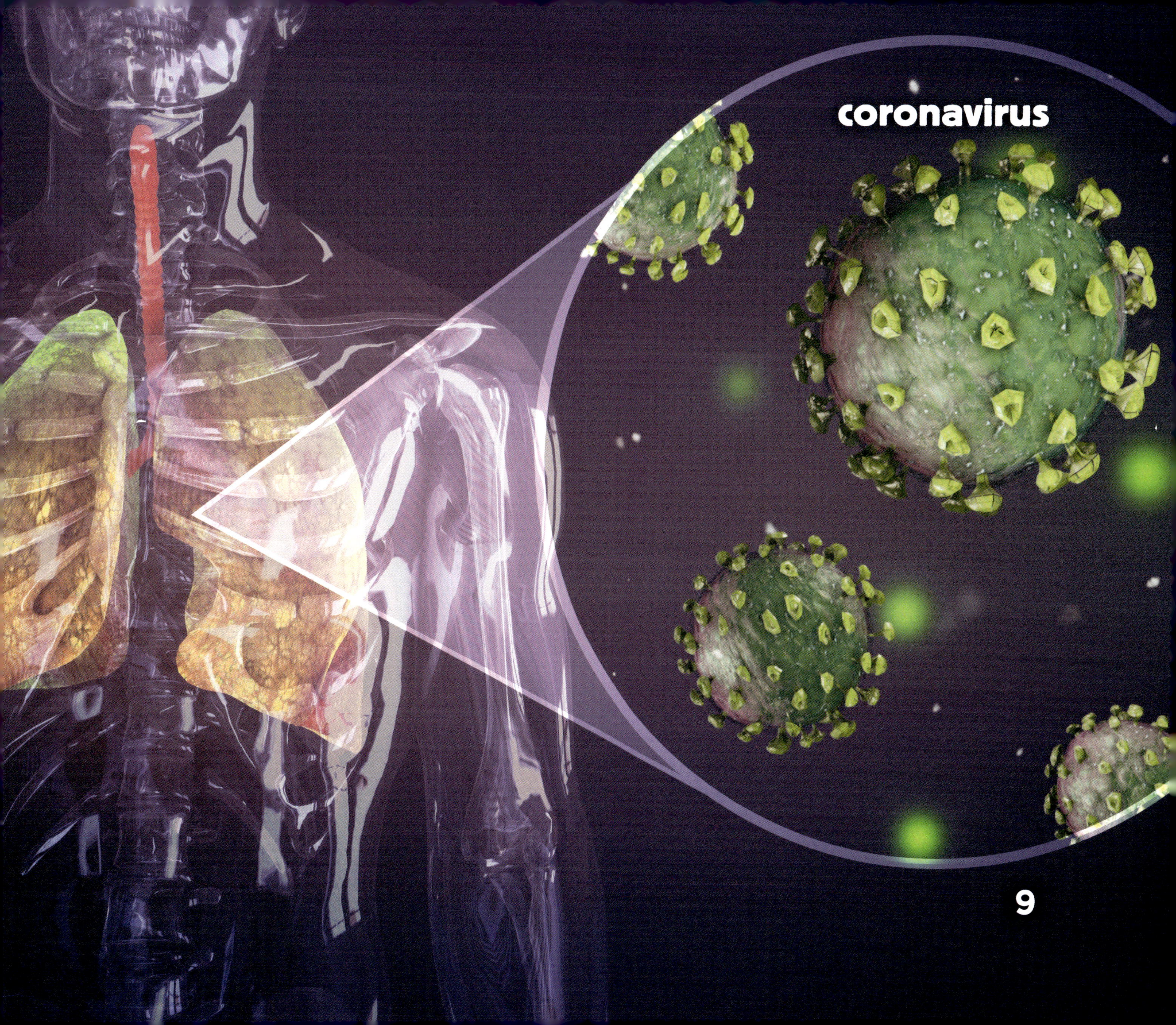
coronavirus

¿Qué es la COVID-19?

COVID-19 es la abreviatura de la enfermedad del **coronavirus** del 2019. Es una enfermedad causada por el coronavirus llamado **SARS-CoV-2**. Algunos también lo llaman virus COVID-19.

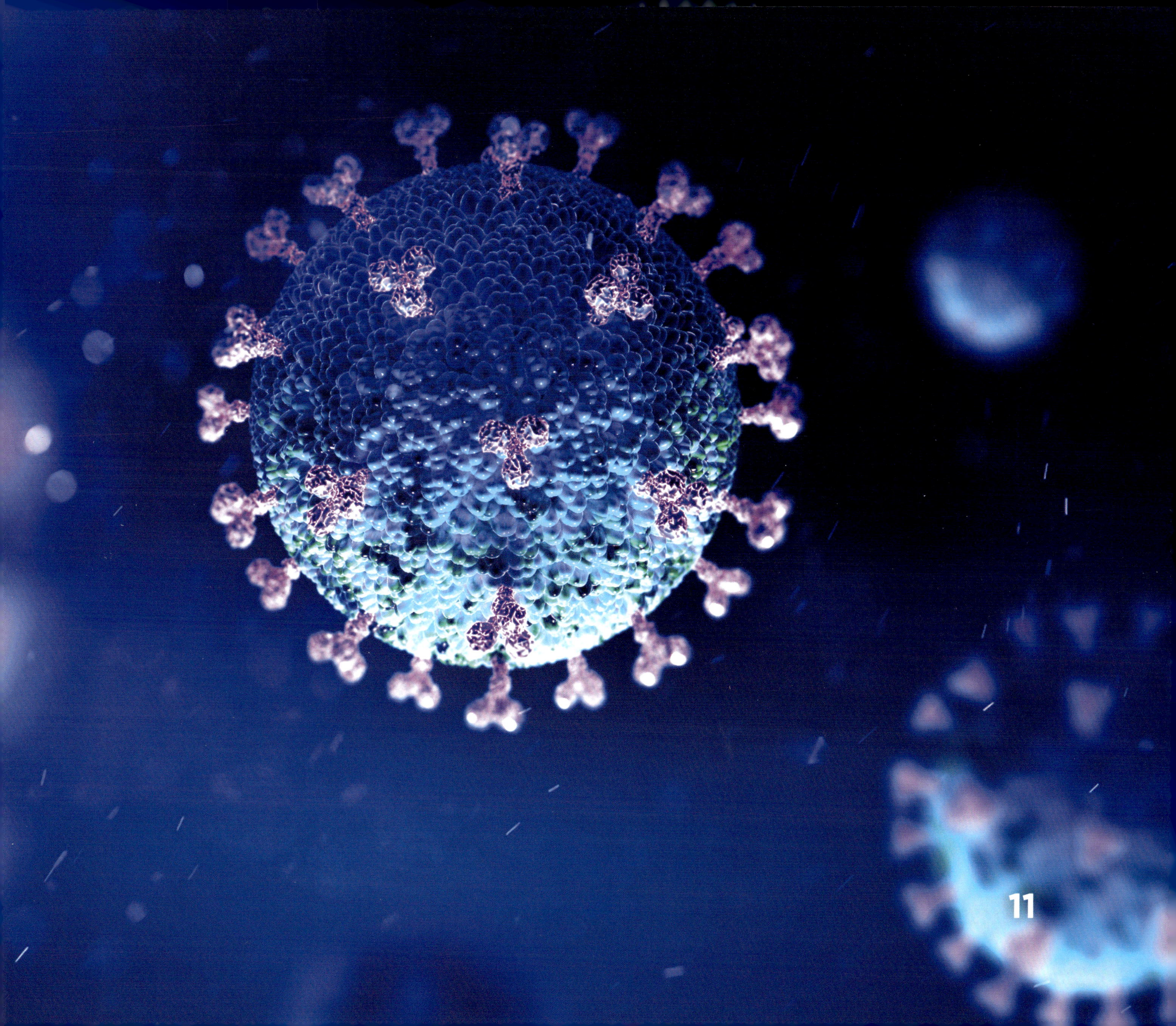

La COVID-19 es una enfermedad en las **vías respiratorias inferiores**. Ataca a los pulmones. Mucha gente empieza con una tos seca y fiebre, entre otros síntomas. Otros enfermos más graves pueden llegar a necesitar ayuda para respirar.

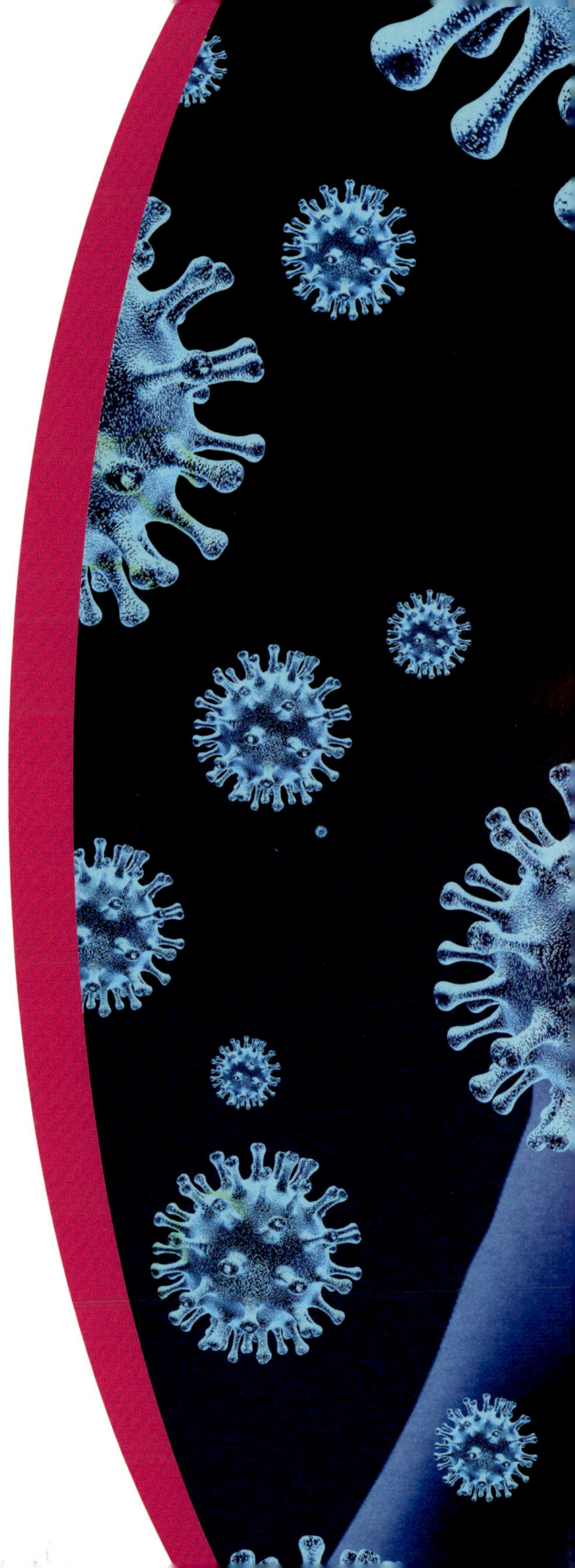

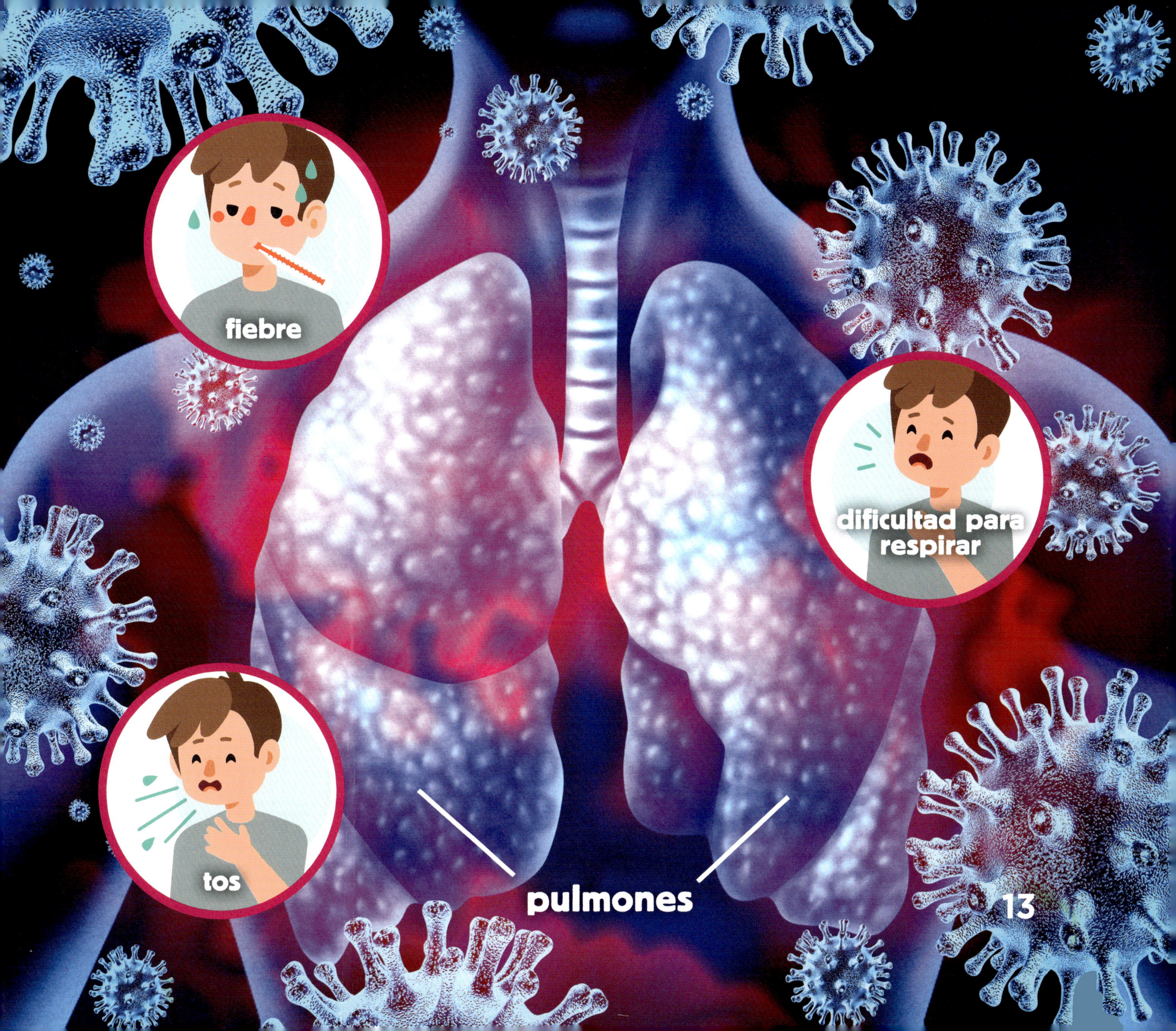
fiebre
dificultad para respirar
tos
pulmones

Los primeros casos de COVID-19 aparecieron en Wuhan, China, a finales de 2019. Los científicos creen que el virus pasó de un animal a los humanos. De ahí se extendió a millones de personas en muchos países.

China
Wuhan
N
W
E
S

¿Cómo se transmite la COVID-19?

Los humanos no tenemos **inmunidad** contra el virus de la COVID-19. Se transmite muy fácilmente de persona a persona. Principalmente se contagia a través de pequeñas **gotitas**.

Cuando los enfermos tosen y estornudan, expulsan **gotitas** en el aire. Estas gotitas caen en las superficies cercanas, sobre la gente o también pueden ser inhaladas por los pulmones.

Hábitos saludables

Taparse la boca al toser o estornudar. No acercarse a la gente contagiada. Lavarse las manos bien y con frecuencia, ¡y no olvidarse de usar jabón!

¡A repasar!

- Los virus son diminutos organismos que nos causan enfermedades.
- Los virus entran en el cuerpo por orificios como la nariz, la boca o los ojos.
- El **coronavirus** es un tipo de virus. Hay muchos tipos de coronavirus.
- El **SARS-CoV-2** es el coronavirus que causa la enfermedad COVID-19.
- El SARS-CoV-2 se transmite o contagia fácilmente de persona a persona.
- Es importante no acercarse a la gente contagiada, no tocarse la cara y lavarse las manos con frecuencia.

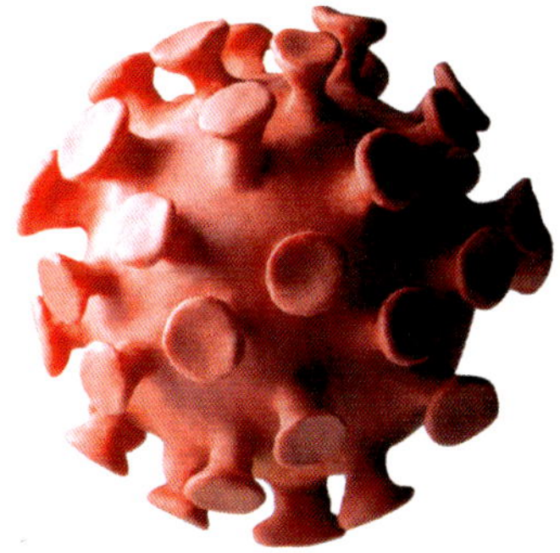

Glosario

célula – componente básico de los organismos vivos. Los humanos están compuestos de 100 billones de células.

coronavirus – virus causante de enfermedades. La mayoría de los coronavirus causan enfermedades en los humanos, por ejemplo los resfriados comunes. Otros provocan enfermedades más serias.

gotita – porción muy pequeña de un líquido.

hospedador – organismo que al acoger a un parásito o virus se convierte en su refugio y en su alimento, además de ayudarle en otras necesidades básicas.

inmunidad – habilidad del cuerpo humano para combatir virus con la acción de los anticuerpos.

SARS-CoV-2 – abreviatura en inglés para coronavirus del síndrome respiratorio agudo grave de tipo 2. Cepa del virus que causa la enfermedad COVID-19.

vías respiratorias inferiores – tracto respiratorio bajo, incluye la tráquea, los pulmones, además de otras partes del cuerpo.

Índice